ALGÉRIE

—

Exposition Universelle de 1900

—

NOTICE

SUR LES

CHEMINS DE FER ALGÉRIENS

DRESSÉE PAR

M. FORESTIER

INSPECTEUR GÉNÉRAL DES PONTS ET CHAUSSÉES
DIRECTEUR DU CONTRÔLE DES CHEMINS DE FER DE L'ALGÉRIE

ALGER-MUSTAPHA
GIRALT, IMPRIMEUR-PHOTOGRAVEUR
Rue des Colons, 17
1900

NOTICE

SUR

LES CHEMINS DE FER ALGÉRIENS

NOTICE

SUR LES

CHEMINS DE FER ALGÉRIENS

DRESSÉE PAR

M. FORESTIER (G.)

INSPECTEUR GÉNÉRAL DES PONTS ET CHAUSSÉES
DIRECTEUR DU CONTRÔLE DES CHEMINS DE FER DE L'ALGÉRIE

ALGER-MUSTAPHA
GIRALT, IMPRIMEUR-PHOTOGRAVEUR
Rue des Colons, 17

1900

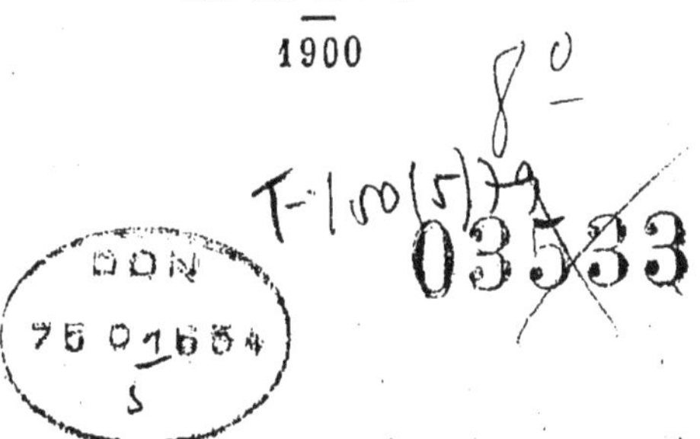

SITUATION

DES

CHEMINS DE FER ALGÉRIENS

AU 31 MARS 1900

Historique — Concessions — Conventions

HISTORIQUE

Réseau d'intérêt général. — Les premières études relatives à la construction de Chemins de fer en Algérie remontent à l'année 1855.

Un décret du 8 avril 1857 a classé :

1° Une ligne parallèle à la mer, de Constantine à Alger, par ou près Sétif et Aumale, et d'Alger à Oran, par ou près Blida, Amourah, Orléansville, St-Denis-du-Sig et Ste-Barbe ;

2° Des lignes partant des principaux ports et aboutissant à la ligne principale, savoir :

de Philippeville à Constantine,
de Bougie à Sétif,
de Bône à Constantine, par Guelma,
de Ténès à Orléansville,
d'Arzew et Mostaganem à Relizane et d'Oran à Tlemcen, par Ste-Barbe et Sidi-bel–Abbès.

De ce réseau, dont le développement total était de 1.357 kilomètres, une loi du 20 juin 1860 détacha les trois lignes suivantes :

de la mer à Constantine,

d'Alger à Blida,

de St-Denis-du-Sig à Oran,

dont la longueur totale était évaluée à 178 kilomètres.

Le Ministre de l'Algérie et des Colonies était autorisé à accorder une subvention de 6.000.000 fr. et une garantie d'intérêt de 5 0/0 sur un capital maximum de 55.000.000 fr.

Une convention fut conclue le 7 juillet 1860 avec MM. Rostand et consorts et approuvée par décret du 11 juillet 1860.

Substituée à MM. Rostand et consorts, la Compagnie des Chemins de fer Algériens construisit et livra à l'exploitation, en 1862, la ligne d'Alger à Blida, mais elle ne put remplir ses engagements et, le 1er mai 1863, le Maréchal Randon, Ministre de la Guerre, approuva une convention intervenue entre la Compagnie des Chemins de fer Algériens et la Compagnie du Chemin de fer de Paris-Lyon-Méditerranée pour la cession des lignes concédées en 1860 et passa avec cette dernière Compagnie une convention pour l'extension du réseau qui comprendrait les deux lignes :

1° de la mer à Constantine,

2° d'Alger à Oran.

Cette convention fut approuvée par une loi du 11 juin 1863.

La première de ces lignes a été ouverte en 1870,

la section de Relizane à Oran en 1868, et les autres sections, entre Blida et Relizane, de 1869 à 1871.

Aucune autre concession de chemin de fer ne fut accordée en Algérie, jusqu'en 1874.

A cette époque (décret du 29 avril 1874) furent approuvées les conventions intervenues entre le Général Chanzy, Gouverneur Général de l'Algérie, et la Compagnie Franco-Algérienne, pour la concession d'un chemin de fer d'Arzew à Saïda, avec prolongement de 70 kilomètres dans la direction de Géryville sans subvention ni garantie d'intérêt, mais avec privilège exclusif de l'exploitation de l'alfa sur 300.000 hectares de terrains des Hauts-Plateaux.

La ligne d'Arzew à Saïda (171 kilomètres) a été ouverte en 1879.

Avant 1874, la loi du 12 juillet 1865 sur les Chemins de fer d'intérêt local n'était pas applicable en Algérie ; un décret du 7 mai 1874 autorisa cette application et, le même jour, furent approuvées, par décret, les conventions passées les 13 septembre 1872 et 4 mars 1874, entre le département de Constantine et la Société des Batignolles pour la construction et l'exploitation du Chemin de fer de Bône à Guelma (88 k.) qui fut ouvert en 1877.

Mais, au commencement de cette année, le Général Chanzy, Gouverneur Général de l'Algérie, avait conclu, avec la Société des Batignolles, remplacée depuis par la Compagnie de Bône-Guelma, une convention (11 janvier 1877) en vue de la concession, avec garantie d'intérêt, de deux lignes d'intérêt général :

1° de Duvivier à Souk-Ahras avec prolongement sur Sidi-el-Hémessi ;

2° de Guelma à la ligne de Constantine à Sétif, aux abords du Kroub.

La loi du 26 mars 1877, qui a déclaré l'utilité publique des travaux, a incorporé la ligne de Bône à Guelma dans le réseau d'intérêt général.

La ligne de Guelma au Kroub a été ouverte en 1879 et celle de Duvivier à Souk-Ahras en 1881.

Le décret du 7 mai 1874 reçut le même jour son application dans le département d'Oran par une convention passée par le département avec MM. Seignette et Cie, remplacés, depuis, par la Compagnie de l'Ouest-Algérien, pour la concession, avec garantie d'intérêt, du chemin de fer d'intérêt local de Ste-Barbe-du-Tlélat à Sidi-bel-Abbès (51 kilomètres) qui, déclaré d'utilité publique par décret du 30 novembre 1874, fut ouvert en 1877.

En 1875, le Gouverneur Général Chanzy passa, avec M. Joret (26 juillet 1875), une convention pour la concession, avec garantie d'intérêt, d'une ligne de Constantine à Sétif.

L'utilité publique fut déclarée par la loi du 15 décembre 1875 et l'ouverture eut lieu en 1879.

De son côté, le département d'Alger passait également, avec M. Joret, deux conventions (31 août 1877) approuvées par décrets des 20 décembre 1877 et 3 décembre 1878 pour la concession des lignes de Maison-Carrée à l'Alma et à Ménerville (43 kilomètres).

Ces lignes ont été ouvertes en 1879 et 1881.

Telle était la situation des concessions et des constructions de Chemins de fer en Algérie, avant la loi de classement du 18 juillet 1879.

Dans le tableau suivant qui donne la consistance
du réseau au 31 décembre 1878, les différentes concessions sont indiquées dans l'ordre des lois ou
décrets qui les ont approuvées, les réseaux n'étant
pas, à cette époque, constitués d'une manière
définitive.

| DÉSIGNATION des LIGNES | DATE de la CONVENTION | DÉSIGNATION des CONCESSIONNAIRES | DATE de la loi ou du décret d'utilité publique | SITUATION au 31 décembre 1878 LONGUEURS | | | OBSERVATIONS — INTÉRÊT GÉNÉRAL OU LOCAL — Date de l'ouverture pour les lignes en exploitation |
				en exploi-tation	en cons-truction	à construire	
Philippeville à Constantine.	1er mai 1863	Cie P.-L.-M.	Loi et décret du 11 juin 1863	87 k.	»	»	(Intérêt général) 1er septembre 1870
Alger à Oran	1er mai 1863	Cie P.-L.-M.	Loi et décret du 11 juin 1863	(1) 421 k.	»	»	(Intérêt général) 1er mai 1871
Arzew à Saïda	20 décembre 1873	Cie F.-A.	Décret du 29 avril 1874	»	171 k.	70 k.	(Intérêt général)
Bône à Guelma...........	13 septemb. 1872, 4 mars 1874, 7 et 23 déc. 1875	Cie B.-G.	Décrets des 7 mai 1874 et 8 mars 1876	(2) 88 k.	»	»	Construite à titre d'intérêt local. Incorporée au réseau d'intérêt général. (Loi du 26 mars 1877). 23 avril 1877
Sainte-Barbe-du-Tlélat à Si-di-bel-Abbès...........	7 mai 1874	Cie O.-A.	Décret du 30 novembre 1874	51 k.	»	»	(Intérêt local) 3 mai 1877
Constantine à Sétif	26 juillet 1875	Cie E.-A.	Loi du 15 décembre 1875	»	155 k.	»	(Intérêt général)
Guelma au Kroub........	11 janvier et 8 mars 1877	Cie B.-G.	Loi du 26 mars 1877	19 k.	96 k.	»	(Intérêt général) 29 décembre 1878
Duvivier à Souk-Ahras....	Id.	Id.	Id.	»	52 k.	»	(Intérêt général)
Maison-Carrée à l'Alma et à Ménerville	31 août 1877	C E.-A.	Décrets des 20 décembre 1877 et 3 décembre 1878	»	43 k.	»	(Intérêt local)
				666 k.	517 k.	70 k.	

(1) Non compris la ligne de Karguentah au port (3 kilomètres).
(2) Non compris les voies du port de Bône (1 kilomètre).

C'est à la fin de l'année 1878 que remonte la discussion d'une loi de classement du réseau complémentaire des Chemins de fer en Algérie, comprenant :

1° des lignes stratégiques ;

2° des lignes mettant les principaux ports du littoral en relation avec le réseau intérieur, qui devait aboutir aux frontières de la Tunisie et du Maroc ;

3° des lignes de pénétration vers le Sud.

La loi du 18 juillet 1879 comprit, dans le réseau ainsi constitué, 1747 kilomètres de lignes nouvelles et y incorpora 94 kilomètres de lignes d'intérêt local déjà ouvertes à l'exploitation ou concédées.

Voici le tableau de classement approuvé par cette loi :

A. — Lignes nouvelles

1° de la frontière du Maroc à Tlemcen....	58 k.
2° de Tlemcen à la Sénia (Oran), par Aïn-Temouchent........................	145
3° du massif minier du Rio-Salado à un point à déterminer entre Aïn-Temouchent et la Sénia....................	25
4° de Sebdou à un point à déterminer entre Tlemcen et la frontière du Maroc.....	45
5° de Sidi-bel-Abbès à Magenta.........	61
6° de Mostaganem à Tiaret, par Aïn-Tédelès et Relizane.......................	197
7° de Mascara à Aïn-Thizy..............	12
8° de Ténès à Orléansville.............	58
9° d'Affreville à Haouch-Moghzen........	48
A reporter.......	649

Report.......... 649

10° de Mouzaïaville à Berrouaghia, par
Haouch-Moghzen 96
11° de Berrouaghia aux Trembles........ 70
12° des Trembles à Bordj-Bouïra......... 30
13° de Ménerville à Sétif, par Bordj-Bouïra. 254
14° de Ménerville à Tizi-Ouzou.......... 53
15° de Beni-Mansour à Bougie.......... 88
16° de l'Oued-Tixter vers Bougie, par les
vallées du Bou-Sellam et de l'Oued-
Amassin............................ 82
17° d'El-Guerrah à Batna............... 85
18° de Batna à Biskra.................. 121
19° d'Aïn-Beïda au réseau de la province
de Constantine..................... 93
20° de Tébessa à Souk-Ahras........... 128

1.747 k.

B. — Lignes d'intérêt local à incorporer

21° de Ste-Barbe-du-Tlélat à Sidi-bel-Abbès. 51 k.
22° de Maison-Carrée à Ménerville....... 43

94 k.

Ce programme a subi des modifications assez
importantes que nous indiquerons en continuant la
revue chronologique des concessions, mais pour plus
de clarté, nous les diviserons par réseau.

Est-Algérien. — En 1879, M. Joret s'était substitué la Compagnie de l'Est-Algérien qui ne comprenait

alors que la ligne d'intérêt général de Constantine à Sétif et les lignes d'intérêt local de Maison-Carrée à l'Alma et à Ménerville.

Une convention du 30 juin 1880, entre le Gouverneur Général, M. Albert Grévy, et cette Compagnie, lui concéda, avec garantie d'intérêt, à titre définitif, les lignes de Sétif à Ménerville et d'El-Guerrah à Batna, et, à titre éventuel, diverses lignes qui ont été depuis l'objet de concessions définitives, à l'exception des deux suivantes :

1° de Bordj-Bouïra aux Trembles ;

2° de l'Oued-Tixter vers Bougie par les vallées du Bou-Sellam et de l'Oued-Amassin.

La loi du 2 août 1880, qui a déclaré d'utilité publique les lignes de Sétif à Ménerville et d'El-Guerrah à Batna, a incorporé au réseau d'intérêt général les lignes d'intérêt local de Maison-Carrée à l'Alma et à Ménerville ouvertes à l'exploitation de 1879 à 1881.

Entre Sétif et Ménerville (254 kilomètres) les différentes sections ont été ouvertes de 1882 à 1886 et la ligne d'El-Guerrah à Batna (80 kilomètres) a été livrée en 1882.

Au nombre des concessions éventuelles faites par la loi du 2 août 1880 à la Compagnie de l'Est-Algérien, figurait la ligne de Ménerville à Tizi-Ouzou (53 kilomètres) dont elle a reçu la concession définitive par la convention du 23 décembre 1882, approuvée par une loi du 23 août 1883 ; l'ouverture a eu lieu, par sections, de 1886 à 1888.

Depuis lors, cette Compagnie est devenue concessionnaire des trois embranchements ci-après :

Batna à Biskra (121 kilomètres) (Convention du 5 juin 1883, approuvée par une loi du 21 juillet 1884).

Ligne ouverte de 1886 à 1888.

Beni-Mansour à Bougie (88 kilomètres) (Convention du 9 juin 1883, approuvée par une loi du 21 mai 1884).

Ligne ouverte de 1888 à 1889.

Les Ouled-Rahmoun à Aïn-Beïda (93 kilomètres) (Convention du 20 juin 1885, approuvée par une loi du 7 août 1885).

Ligne ouverte en 1889.

Ouest-Algérien. — Dans le département d'Oran, l'exécution du programme de 1879 a compris d'abord :

la concession à la Compagnie de l'Ouest-Algérien, de la ligne de Sidi-bel-Abbès à Magenta et à Ras-el-Mà et l'incorporation, au réseau d'intérêt général, de la ligne d'intérêt local de Ste-Barbe-du-Tlélat à Sidi-bel-Abbès, ouverte en 1877. (Convention du 8 mai 1881, approuvée par la loi du 22 août 1881).

Les différentes sections de cette ligne ont été été ouvertes de 1883 à 1885.

Peu après, est intervenue la concession définitive de La Sénia à Aïn-Temouchent à Tlemcen (Convention du 10 décembre 1881, approuvée par la loi du 5 août 1882).

Les différentes sections de cette ligne ont été ouvertes de 1884 à 1885.

Enfin, l'embranchement de Tabia à Tlemcen (64 kilomètres) fut substitué à la ligne d'Aïn-Temouchent à Tlemcen par une convention du 16 mai 1885, approuvée par une loi du 16 juillet 1885 ; cette ligne a été ouverte en 1890.

Dans le département d'Alger, la Compagnie de l'Ouest-Algérien est concessionnaire de la ligne de Blida à Berrouaghia, 1er tronçon de la ligne de Blida à Laghouat (83 kilomètres). (Convention du 16 avril 1886, approuvée par une loi du 31 juillet 1886.

Ligne ouverte de 1891 à 1892.

Bône-Guelma. — Nous avons vu que, par une convention du 11 janvier 1877, approuvée par la loi du 26 mars suivant, la Compagnie Bône-Guelma avait obtenu la concession, comme lignes d'intérêt général, des lignes de Duvivier à Souk-Ahras, avec prolongement éventuel sur Sidi-el-Hémessi et de Guelma à la ligne de Constantine à Sétif aux abords du Kroub ; cette loi a classé, dans le réseau d'intérêt général, la ligne d'intérêt local de Bône à Guelma.

La convention du 11 janvier 1877, comportait la concession éventuelle de la ligne de Souk-Ahras à Sidi-el-Hémessi (frontière tunisienne) (1).

Une convention du 9 janvier 1882 a rendu cette concession définitive et l'utilité publique a été déclaré par une loi du 20 avril 1882.

L'ouverture de cette section (53 kilomètres) a eu lieu en 1884.

L'année suivante, une convention du 23 mai 1885, approuvée par une loi du 28 juillet 1885, a concédé à la même Compagnie l'embranchement de Souk-Ahras à Tébessa (128 kilomètres) livré en 1888.

---

(1) Cette ligne se continue jusqu'à Tunis par la ligne de la Medjerda construite en Tunisie par la même Compagnie Bône-Guelma, avec la garantie de l'Etat français.

Compagnie Franco-Algérienne. — Les extensions du réseau de la Compagnie Franco-Algérienne prévues par le programme de 1879, comprenaient les lignes de Mostaganem à Tiaret et de Mascara à Aïn-Thizy ; mais, en 1881, à la suite de mouvements insurrectionnels qui s'étaient produits dans le Sud du département, le Ministre de la Guerre a présenté un projet de loi pour prolonger la ligne d'Arzew à Saïda (171 kilomètres) jusqu'au Kreider et à Méchéria.

Cette loi fut promulguée le 8 août 1881, et la ligne qui, au mois de juin 1881, s'arrêtait à Kralfallah (à 43 kilomètres de Saïda) atteignit le Kreider à la fin de 1881 et Méchéria en 1882 ; mais la section de Krafallah à Modzbah (24 kilomètres) n'a été ouverte aux voyageurs qu'en 1883, et celle de Modzbah à Méchéria (114 kilomètres) en 1885.

Cette ligne a été concédée à la Compagnie Franco-Algérienne par une convention du 23 mai 1885, approuvée par une loi du 28 juillet 1885.

Cette Compagnie avait reçu antérieurement les concessions des lignes de :

Aïn-Thizy à Mascara (12 kilomètres) (convention du 12 juillet 1883, approuvée par une loi du 3 juillet 1884).

Ligne ouverte en 1886.

Mostaganem à Tiaret (197 kilomètres) (1) (Convention du 15 mai 1884, approuvée par une loi du 15 avril 1885).

Ligne ouverte en 1888 et 1889.

---

(1) Non compris l'embranchement de la gare au port (5 kilomètres).

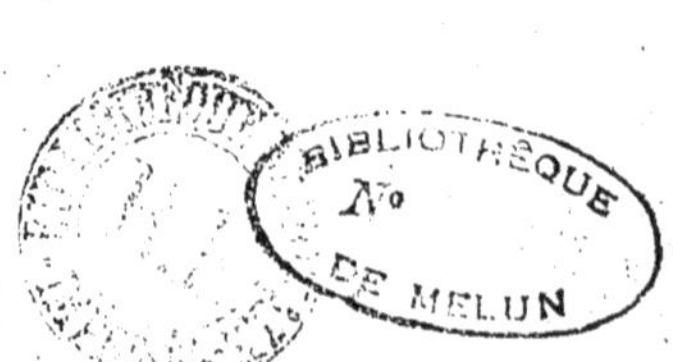

Enfin la ligne d'Arzew à Méchéria fut prolongée jusqu'à Aïn-Sefra (102 kilomètres) à la suite d'une convention du 15 avril 1886, approuvée par une loi du 31 juillet 1886 ; l'ouverture eut lieu en 1887.

En 1892, il ne restait plus aucune ligne du réseau d'intérêt général en construction, en Algérie. Mais une loi du 25 janvier 1892 a déclaré d'utilité publique l'établissement d'une ligne de chemin de fer d'Aïn-Sefra à Djenien-bou-Rezg (84 k. 700) qui doit être prolongée, d'abord jusqu'à Duveyrier (Ez-Zoubia) au confluent de l'Oued-Dermel et de l'Oued-Douis (31 k.) puis, par sections successives vers les oasis du Gourara, du Touat et du Tidikelt, par les vallées de l'Oued-Zousfana et de l'Oued-Saoura.

Cette ligne, non concédée, est exécutée sur les fonds annuellement votés par le Parlement pour études et travaux neufs de chemins de fer en Algérie.

La section d'Aïn-Sefra, à Djenien-bou-Rezg est entièrement terminée ; les travaux de la section comprise entre Djenien-bou-Rezg et Duveyrier sont en cours d'exécution et seront achevés dans le courant de l'année 1900. Les études du prolongement, entre Duveyrier et Ksar-el-Aroudj (75 k.), par ou près le col de Bouib-Souf, Tasra et Nakhelat-bel-Brahmi touchent à leur fin.

Le tableau suivant indique la situation des Chemins de fer d'intérêt général en exploitation au 31 mars 1900, en Algérie ; nous les avons groupés par Compagnie dans l'ordre adopté par les statistiques du Ministère des Travaux Publics.

DÉSIGNATION des LIGNES	CONVENTION	LOI OU DÉCRET	SITUATION au 31 mars 1900		OBSERVATIONS
			DATE d'ouverture de la dernière section	LONGUEUR exploitée	
Compagnie de Paris à Lyon et à la Méditerranée (508 kilomètres)					
Philippeville à Constantine.	1er mars 1863	Loi et décret 11 juin 1863	1er septemb. 1870	87 k.	
Alger à Oran..............	Id.	Id.	1er mai 1871	421 k.	Non compris l'embranchement de la marine à Oran (5 kilomètres).
Compagnie de l'Est-Algérien (887 kilomètres)					
Maison-Carrée à l'Alma....	31 août 1877	Décret 20 déc. 1877	5 août 1879	28 k.	
L'Alma à Ménerville.......	Id.	Décret 3 déc. 1878	25 sept. 1881	15 k.	
Ménerville à Sétif.........	30 juin 1880	Loi 2 août 1880	3 nov. 1886	254 k.	
Sétif à Constantine.......	26 juil. 1875	Loi 15 déc. 1875	20 mai 1879	155 k.	
Ménerville à Tizi-Ouzou ...	23 décembr 1882	Loi 23 août 1883	27 mai 1888	53 k	
El-Guerrah à Batna	30 juin 1880	Loi 2 août 1880	1er nov. 1882	80 k.	
Batna à Biskra........	5 juin 1883	Loi 21 juil. 1884	1er juil. 1888	121 k.	
Bougie à Beni-Mansour....	9 juin 1883	Loi 24 mai 1884	24 mars 1889	88 k.	
Les Ouled-Rahmoun à Aïn-Beïda..................	20 juin 1885	Loi 7 août 1885	11 uil. 1889	93 k.	
A REPORTER..............				1.395 k.	

DÉSIGNATION des LIGNES	CONVENTION	LOI OU DÉCRET	SITUATION au 31 mars 1900		OBSERVATIONS
			DATE d'ouverture de la dernière section	LONGUEUR exploitée	
			Report.............	1.395 k.	

Compagnie de l'Ouest-Algérien (368 kilomètres)

DÉSIGNATION des LIGNES	CONVENTION	LOI OU DÉCRET	DATE d'ouverture de la dernière section	LONGUEUR exploitée	OBSERVATIONS
Sainte-Barbe-du-Trélat à Sidi-bel-Abbès..........	7 mai 1874	Décret 30 nov. 1874	3 mai 1877	51 k.	
Sidi-bel-Abbès à Ras-el-Mâ	8 mai 1881	Loi 22 août 1881	1er août 1885	100 k.	
Tabia à Tlemcen..........	16 mai 1885	Loi 16 juil. 1885	9 août 1890	64 k.	
La Sénia à Aïn-Témouchent	10 déc. 1881	Loi 5 août 1882	7 sept. 1885	70 k.	
Blida à Berrouaghia......	16 avril 1886	Loi 31 juill. 1886	4 sept. 1892	83 k.	

Compagnie de Bône Guelma et prolongements (436 kilomètres)

DÉSIGNATION des LIGNES	CONVENTION	LOI OU DÉCRET	DATE d'ouverture de la dernière section	LONGUEUR exploitée	OBSERVATIONS
Bône à Guelma............	13 sept. 1872 modifiée le 4 mars 1874 et les 7 et 23 déc. 1875	Décrets 7 mai 1874 8 mars 1876	23 avril 1877	88 k.	Non compris la voie du port de Bône (1 kilomètre)
Guelma à Kroub..........	11 janv. et 8 mars 1877	Loi 26 mars 1877	29 juin 1879	115 k.	
Duvivier à Souk-Ahras....		Id.	30 juin 1881	52 k.	
Souk-Ahras à Sidi-el-Hémessi.....................	9 janv. 1882	Loi 20 avril 1882	29 sept. 1884	53 k.	
Souk-Ahras à Tébessa.....	23 mai 1885	Loi 28 juill. 1885	27 mai 1888	128 k.	
		A REPORTER.............		2.199 k.	

DÉSIGNATION des LIGNES	CONVENTION	LOI OU DÉCRET	SITUATION au 31 mars 1900		OBSERVATIONS
			DATE d'ouverture de la dernière section	LONGUEUR exploitée	
			Report .... 2.199 k.		

Compagnie Franco-Algérienne (663 kilomètres)

DÉSIGNATION des LIGNES	CONVENTION	LOI OU DÉCRET	DATE d'ouverture de la dernière section	LONGUEUR exploitée	OBSERVATIONS
Arzew à Saïda..............	20 déc. 1873	Décret 29 avril 1874	28 sept. 1879	171 k.	
Saïda à Modzbah..........	Id.	Id.	27 juil. 1883	67 k.	
Modzbah à Méchéria.......	23 mai 1885	Loi 28 juil. 1885	29 juil. 1885	114 k.	
Méchéria à Aïn-Sefra......	15 avril 1886	Loi 31 juill. 1836	28 août 1887	102 k.	
Aïn-Thizy à Mascara......	12 juil. 1883	Loi 3 juil. 1884	20 nov. 1886	12 k.	
Mostaganem à Tiaret......	15 mai 1884	Loi 15 avril 1884	25 fév. 1889	197 k.	Non compris l'embranchement de la Marine à Mostaganem (5 kilomètres)

Compagnie de Mokta-El-Hadid (33 kilomètres)

DÉSIGNATION des LIGNES	CONVENTION	LOI OU DÉCRET	DATE d'ouverture de la dernière section	LONGUEUR exploitée	OBSERVATIONS
Bône à Aïn-Mokra........	»	Arrêté du Gouverneur Général 12 juin 1863	12 fév. 1885 (Service public)	33 k.	

État (85 kilomètres)

DÉSIGNATION des LIGNES	CONVENTION	LOI OU DÉCRET	DATE d'ouverture de la dernière section	LONGUEUR exploitée	OBSERVATIONS
Aïn-Sefra à Djenien-bou-Rezg................	»	Loi 25 janv. 1892	»	85 k.	
TOTAL..............				2.980 k.	

Les longueurs en exploitation par réseaux, en dehors des voies d'accès aux ports, sont :

Paris à Lyon et à la Méditerranée........	508 k.
Est-Algérien............................	887
Ouest-Algérien.........................	368
Bòne-Guelma et prolongements..........	436
Compagnie Franco-Algérienne	663
Compagnie de Mokta-el-Hadid...........	33
Voies des ports d'Oran, de Bòne et de Mostaganem	11
Longueur en exploitation au 31 mars 1900.	2.906 k.
La longueur exploitée au 31 décembre 1878 étant de........................	666 k.
Il a été ouvert à l'exploitation...........	2.240 k.

pendant ces vingt années.

Lignes classées ou étudiées comme lignes d'intérêt général. — Les lignes classées en 1879 et qui n'ont été ni concédées définitivement ni remplacées par des lignes desservant les mêmes régions, sont les suivantes :

Nous reproduisons les numéros du tableau de la page 12, mais nous rectifions les longueurs pour les lignes qui ont été étudiées.

1° de la frontière du Maroc à Tlemcen...	70 k.
3° du massif minier de Rio-Salado à un point à déterminer entre Aïn-Temouchent et la Sénia	25
4° de Sebdou à un point à déterminer entre Tlemcen et la frontière du Maroc.	45
A reporter.......	140

Report..........	140
8° de Ténès à Orléansville.............	49
9° d'Affreville à Haouch-Moghzen.......	48
11° de Berrouaghia aux Trembles........	72
12° des Trembles à Bordj-Bouïra.........	30

(concédé éventuellement à la Compagnie de l'Est-Algérien. Art. 1ᵉʳ de la convention du 30 juin 1880).

16° de l'Oued-Tixter vers Bougie, par les vallées de Bou-Sellam et de l'Oued-Amassin 85

(concédé éventuellement à la Compagnie de l'Est-Algérien. Art. 1ᵉʳ de la Convention du 30 juin 1880).

$$\text{TOTAL.........} \quad 424\,\text{k.}$$

Indépendamment de ces lignes, les concessions éventuelles et les études faites en vue de l'extension du réseau général en Algérie, comprennent les sections suivantes :

Berrouaghia à Boghari....................	43 k.

(concédé éventuellement à la Compagnie de l'Ouest-Algérien. Art. 1ᵉʳ de la Convention du 16 avril 1886).

Boghari à Laghouat...................	270
Biskra à Tougourt et à Ouargla.........	380
Aïn-Beïda à Tébessa....................	88
	781 k.

Voies des ports. — Les principaux ports de l'Algérie sont reliés avec le réseau des Chemins de fer, soit par des embranchements construits entre les quais et la gare terminus, soit par des voies de service qui sont considérées comme des dépendances de cette gare, tant que leur développement n'exige pas qu'elles soient l'objet d'une concession distincte.

Les chiffres de la page 26 comprennent :

L'embranchement d'Oran-Marine à Karguentah..........................	5 k.
Les voies du port de Bône..............	1
L'embranchement de Mostaganem-Marine à Mostaganem-Gare.........	5
	11 k.

Les ports d'Arzew, d'Alger, de Bougie et de Philippeville sont reliés aux gares voisines par des voies de service qui ne sont pas considérées comme des embranchements distincts des lignes qu'elles prolongent.

Chemins de fer industriels. — Quelques lignes industrielles ont été construites en Algérie, indépendamment de celles qui constituent des embranchements particuliers raccordant les mines et les établissements industriels ou agricoles aux chemins de fer (1).

Une seule est ouverte au service public.

Construite en 1864, en exécution d'un arrêté du Gouverneur Général de l'Algérie du 12 juin 1863,

___

(1) Lignes du Kouif à Tébessa.
    — du Djebel-Dyr à Boulhaf-le-Dyr (Youks-les-Bains).
    — de Tocqueville à Tixter, etc.

pour l'exploitation des minerais de fer de Mokta-el-Hadid, la ligne de Bône à Aïn-Mokra (33 kilomètres) a été ouverte au public par décision ministérielle du 12 février 1885.

Les deux autres lignes :

d'Arzew aux Salines d'Arzew (21 kilom., décret du 17 mars 1881), exploitée depuis 1883 ;

des mines de Kef-Oum-Théboul à l'embouchure de la Messida (7 kilom., décret du 21 août 1881), sont au contraire, restées purement industrielles.

Par application de l'art. 10 de la convention du 20 décembre 1873, la Compagnie Franco-Algérienne a construit, pour ses exploitations d'alfa, une ligne privée de Modzbah à Marhoum, sur une longueur de 32 kilomètres.

Chemins de fer d'intérèt local et tramways. — Les lignes d'intérèt local concédées avant 1879 ont été incorporées au réseau d'intérèt général et, avant 1892, aucune concession d'intérèt local ou de tramway n'a été accordée sous l'empire de la loi du 11 juin 1880, rendue applicable à l'Algérie par la loi du 17 juillet 1883.

Nous examinerons successivement, par département :

1º les concessions d'intérèt local ou de tramways accordées jusqu'au 31 mars 1900.

2º les concessions demandées ou les lignes étudiées, sans que le décret d'utilité public ait été rendu.

1° CONCESSIONS DE CHEMINS DE FER

D'INTÉRÊT LOCAL OU DE TRAMWAYS ACCORDÉES JUSQU'AU
31 MARS 1900.

Département d'Alger. — Le 1ᵉʳ mai 1891, M. Caze a passé avec le département d'Alger, des conventions relatives à quatre lignes de tramways :

El-Affroun à Marengo (19 kilomètres).

St-Eugène à Rovigo avec embranchement accédant au port d'Alger (44 kilomètres).

Dellys à Boghni (67 kilomètres).

Alger à Coléa (43 kilomètres).

Par décrets du 16 janvier 1892, l'utilité publique de ces lignes a été déclarée ; les deux premières ont été concédées par l'Etat au département, avec faculté de rétrocession à M. Caze ; les deux dernières ont été concédées directement par le département à M. Caze.

Un décret du 20 juillet 1894 a approuvé la substitution à M. Caze de la Société des Chemins de Fer sur routes d'Algérie.

Les sections des lignes exploitées au 31 mars 1900 comprenaient :

El-Affroun à Marengo (19 kilomètres).

St-Eugène à Rovigo et embranchement du port d'Alger (44 kilomètres).

Dellys au Camp-du-Maréchal (31 kilomètres).

Deux-Moulins à Zéralda (section de la ligne d'Alger à Coléa, 29 kilomètres).

Le décret du 13 janvier 1897 a déclaré d'utilité publique le tramway de l'hôpital du Dey à la colonne

Voirol (1) concédé, par l'Etat, au syndicat des communes de Mustapha et d'Alger, et autorisé la rétrocession de ce tramway, par le syndicat, à la Société Française pour l'exploitation des procédés Thomson-Houston.

L'ouverture à l'exploitation a eu lieu le 14 avril 1898.

La Société Thomson-Houston est en instance pour obtenir de se substituer la Société des Tramways Algériens.

Département de Constantine. — Par convention du 8 juin 1891, la commune de Biskra a concédé à la Compagnie de Biskra et de l'Oued-R'ir, un tramway de Biskra à Fontaine-Chaude, avec embranchement de la gare de Biskra au vieux fort turc.

Mis en service provisoire en 1894, sur 9 kilomètres, ce tramway a été déclaré d'utilité publique par décret du 21 juillet 1898.

Une convention du 20 avril 1898, entre le département de Constantine et la Compagnie Bòne-Guelma, a concédé à cette Compagnie un tramway partant de la ligne de Bòne à Guelma et se dirigeant sur Besbès (12 kilomètres) avec un prolongement éventuel jusqu'à Combes (18 kilomètres).

L'utilité publique a été déclarée par décret du 11 mai 1898.

La ligne est en exploitation depuis le 15 août 1899.

Département d'Oran. — Une convention a été passée le 2 mai 1898 entre M. Faye et la ville d'Oran

---

(1) 7ᵏ374, non compris la voie de raccordement à l'usine (500 m.) et l'embranchement du Boulevard Bru (1ᵏ578 m.).

en vue de la rétrocession des tramways électriques d'Oran (12 kilomètres) concédés à la ville par l'Etat.

L'utilité publique a été déclarée par décret du 5 juin 1898, et un décret du 30 novembre 1898 a autorisé la substitution à M. Faye de la Compagnie des tramways électriques d'Oran.

Les lignes de ce réseau, d'une longueur totale de 15ᵏ217, ont été entièrement ouvertes à l'exploitation le 11 mai 1899.

Par une convention du 14 février 1898, le département d'Oran a concédé à M. Lartigue, un chemin de fer d'intérêt local d'Oran à Arzew (45 kilomètres). La déclaration d'utilité publique a été prononcée par une loi du 9 avril 1898.

Cette ligne sera livrée à l'exploitation avant la fin de l'année.

Par décret du 8 octobre 1899, la Société de Chemins de fer Algériens est substituée à M. Lartigue.

2° CONCESSIONS DE CHEMINS DE FER

D'INTÉRÊT LOCAL OU DE TRAMWAYS DEMANDÉES

Lignes à l'étude

Département d'Alger. — Dans le département d'Alger, les concessions de tramways demandées se divisent en quatre groupes.

Aux termes d'un avenant aux Cahier des charges et convention du 1er mai 1891, portant la date du 9 mars 1897, qui n'a pas encore été approuvé, les embranchements suivants ont été rattachés au 1er réseau de la Société des Chemins de fer sur routes d'Algérie :

l'embranchement du Ruisseau (3 k. 3), sur la ligne de St-Eugène à Rovigo ;

l'embranchement de Castiglione (11 k. 4), sur la ligne d'Alger à Koléa.

Dans une session extraordinaire du mois de juillet 1898, le Conseil général d'Alger a concédé ou rétrocédé à la même Société un ensemble de lignes d'une longueur de 288 k. 808, formant le 1er groupe du 2me réseau départemental.

Affreville à Amoura 36ᵏ 691
    à concéder par l'Etat : l'enquête a eu
    lieu en 1898 avec une variante per-
    mettant au département d'accorder la
    concession.

A reporter...... 36 691

3

| | Report...... | 36 691 |

Ténès à Orléansville................... 57 700
    concédée par le département : l'enquête
    a eu lieu en 1898.

Boghni à la gare des Issers............. 57 200
    instruction terminée.

Hussein-Dey à Douéra 22 100
    à concéder par l'Etat : l'enquête a eu
    lieu en 1899, la convention et le Cahier
    des charges sont en préparation.

Marengo à Cherchell.................... 29 040
    à concéder par l'Etat : l'enquête a eu
    lieu en 1898.

Aïn-Taya à Maison-Carrée 20 239
    à concéder par l'Etat : des enquêtes ont
    eu lieu en 1896 et 1898 ; la convention
    et le Cahier des charges sont en pré-
    paration.

Bouïra à Aïn-Bessem et Aumale......... 47 632
    concédée par le département : l'enquête
    a eu lieu en 1899.

Boghni aux Ouadhias.................. 18 206
    concédée par le département : l'enquête
    a eu lieu en 1898.

288^k 808

Le second groupe du 2e réseau départemental comprend 226^k 774^m de lignes à concéder ultérieurement :

Tizi-Ouzou à Azazga, avec embranchement
    vers les Beni-Menguellet.............. 66^k 319
    à concéder par le département : l'en-
    quête a eu lieu en 1899.

A reporter..   66 319

Report.....	66 319
Koléa à Oued-el-Alleug.................	7 675

section de la ligne de Koléa à Blida, qui peut être classée d'intérêt général : l'enquête a eu lieu en 1898.

Castiglione à Desaix.................	29 963

à concéder par le département : l'enquête a eu lieu en 1898.

Koléa à Marengo.....................	36 102

une variante relative à cette ligne ainsi qu'à la précédente a été demandée en 1898 par le Conseil général.

Rovigo à Bouïnan, Boufarik et Koléa ; une décision gouvernementale a prescrit la division de la ligne projetée de Rovigo à Koléa en deux sections :

Rovigo à Boufarik....................	17 329
Boufarik à Koléa.....................	14 030

les avant-projets sont en préparation.

Amoura prolongée (à l'étude)...........	
Des Ouadhias aux Beni-Menguellet......	25 281

avant-projet en préparation.

De Bou-Medfa à Hammam-Righa.........	13 000

avant-projet en préparation.

Prolongement jusqu'à Courbet de la ligne

Boghni-Issers	15 400

avant-projet en préparation.

Prolongement jusqu'à Surcouf de la ligne

de Maison-Carrée à Aïn-Taya..........	1 675

La mise à l'enquête est autorisée.

	226ᵏ 774

En dehors des tramways départementaux, les concessions suivantes ont été ou doivent être demandées.

L'embranchement du boulevard Bru au tramway de l'Hôpital du Dey à la Colonne-Voirol (1 k. 578) est exploité provisoirement ; la régularisation de cette concession se poursuit.

Le tramway électrique d'Alger à El-Biar par les tournants Rovigo (6^{k}400) a été soumis à l'enquête en 1898, et le département a approuvée, en 1899, la concession au syndicat intercommunal des communes d'Alger et d'El-Biar, avec faculté de rétrocession à M. Dalaise. Cette ligne a été déclarée d'utilité publique par un décret du 2 décembre 1899.

Le tramway électrique d'Alger à Bouzaréa, par N.-D. d'Afrique (5^{k}450) a donné lieu à deux enquêtes en 1897 et en 1899 ; la concession est demandée par les communes d'Alger, de St-Eugène et de Bouzaréa au département avec faculté de rétrocession à M. Sandoz. L'affaire est à l'instruction.

Département de Constantine. — Dans sa session d'avril 1894, le département de Constantine a ordonné la mise à l'enquête des voies ferrées dont la construction était projetée par le département ; à la suite de ces enquêtes, le département a classé les lignes suivantes :

Constantine à Oued-Atménia............. 42^k

Châteaudun à Mechta................... 9 6

Aïn-Beïda à Khenchela................. 54

Mila à Constantine par Bellevue......... 57

Meskiana à Clairfontaine.................... 31(1)

La Calle à Roum-el-Souk, avec embranchement sur Bône..................... 99

St-Charles à Jemmapes et à Aïn-Mokra ... 68 (2)

Djidjelli à El-Milia.................... 69

Sétif à Bougie 142

Celles de ces lignes qui ont fait l'objet de conventions sont les suivantes :

Aïn-Beïda à Khenchela.................... 54

concédée par le département à la Compagnie de l'Est-Algérien suivant convention approuvée par le Conseil général le 12 octobre 1895 et remaniée en 1899.

Meskiana à Clairfontaine.................... 31(1)

concédée par le département à la Compagnie Bône-Guelma (Convention du 28 janvier 1896).

La Calle à Bône.................... 86

avec embranchement sur Roum-el-Souk.... 13

concédée par le département à M. Laborie suivant conventions des 20 octobre 1896 et 12 octobre 1897.

St-Charles à Aïn-Mokra, par Jemmapes... 68(2)

concédée par le département à la Compagnie Mokta-el-Hadid (21 décembre 1895).

---

(1) Le Conseil général du département de Constantine a renoncé à poursuivre l'établissement de cette ligne qu'il avait concédée à la Compagnie Bône-Guelma.

(2) Le projet de loi prononçant la déclaration d'utilité publique de cette ligne a été adopté par la Chambre des députés dans sa séance du 8 mars 1900.

Mila à Constantine, par Bellevue......... 57

concédée par le département à M. Laborie (Convention du 20 octobre 1896).

Sétif à Bougie...................... 142

concédée par le département à M. Portier, suivant un avant-projet que l'Administration des Travaux Publics a refusé, jusqu'ici, de prendre en considération.

Des réseaux de tramways sont à l'étude à Constantine et à Bône.

En 1898, M. Georges Lesueur a demandé à la Municipalité de Philippeville la concession d'un tramway de Philippeville à Filfila (20 kilomètres) par le bord de la mer et la vallée de l'Oued-Rira (Convention du 11 janvier 1899, approuvée par décret du 25 septembre 1899).

Département d'Oran. — Les études en cours dans le département comprennent :

Un tramway à vapeur à voie de 0^m60 à construire entre Oran et Hammam-bou-Hadjar (71 kilomètres) dont la concession a été demandée par le département avec faculté de rétrocession à M. Jouanne (Délibération du 22 avril 1898).

L'enquête d'utilité publique a été effectuée. Le dossier d'enquête est à l'instruction.

Un tramway de Sidi-bel-Abbès à Mercier-Lacombe (39 kilomètres) a été l'objet de propositions de la Compagnie de l'Ouest-Algérien (24 février 1899).

Largeurs de voie des chemins de fer en exploitation au 31 mars 1900

Au point de vue des largeurs de voie, les lignes d'intérêt général et d'intérêt local ou de tramways en exploitation comprennent :

$$1901 \text{ kilomètres à voie normale}$$
$$917 \quad \text{Id.} \quad \text{à voie de } 1^m\,05$$
$$254 \quad \text{Id.} \quad \text{Id.} \quad 1^m\,00$$
$$7 \quad \text{Id.} \quad \text{Id.} \quad 0^m\,80$$
$$9 \quad \text{Id.} \quad \text{Id.} \quad 0^m\,60$$
$$\overline{3.088 \text{ kilom.}}$$

Le tableau suivant donne la largeur de voie de chaque ligne.

COMPAGNIE CONCESSIONNAIRE	DÉSIGNATION DES LIGNES	LONGUEURS EXPLOITÉES	LARGEUR DE VOIE
Cie P.-L.-M............	Philippeville à Constantine...............	87	1 m. 45
	Alger à Oran............................	426 (1)	—
Cie E.-A..............	Maison-Carrée à Constantine...............	452	—
	Ménerville à Tizi-Ouzou...................	53	—
	El-Guerrah à Biskra......................	201	—
	Bougie à Beni-Mansour....................	88	—
Cie O.-A..............	Le Tlélat à Ras-el-Mâ (Crampel)...........	151	—
	Tabia à Tlemcen.........................	64	—
	La Sénia à Aïn-Témouchent...............	70	—
Cie B.-G..............	Bône au Kroubs.........................	204 (2)	—
	Duvivier à Sidi-el-Hémessi...............	105	—
		1.901	
Cie O.-A.............	Blida à Berrouaghia.......................	83	1 m. 05
Cie F.-A.............	Arzew à Aïn-Sefra........................	454	—
	Tizi à Mascara..........................	12	—
	Mostaganem à Tiaret.....................	202 (3)	—
	Chemin de fer des Salines d'Arzew.........	21	—
Société C. F. R. A	El-Affroun à Marengo.....................	19	—
	Saint-Eugène à Rovigo....................	44	—
	Dellys à Camp-du-Maréchal	31	—
	Alger à Zéralda..........................	29	—
Société T.-A............	Hôpital-du-Dey à la Colonne-Voirol.........	7	—
Cie des T.-O............	Réseau de la ville d'Oran.................	15	—
		917	
Cie E.-A..............	Ouled-Rahmoun à Aïn-Beïda...............	93	1 mètre
Cie B.-G..............	Souk-Ahras à Tébessa....................	128	—
Cie Mokta-el-Hadid.....	Bône à Aïn-Mokra........................	33	—
		254	
	Des usines de Kefoum-Teboul à la Messida...	7	0 m. 80
Cie de Biskra et l'O.-Rirh	Biskra à Fontaine-Chaude.................	9	0 m. 60

(1) Y compris l'embranchement de la marine à Oran (5 kilomètres).
(2) Y compris la voie du port de Bône (1 kilomètre).
(3) Y compris l'embranchement de la marine à Mostaganem (5 kilomètres).

CONDITIONS DES CONCESSIONS

Chemins de fer d'intérêt général

GARANTIE D'INTÉRÊT

A l'exception des lignes d'Arzew à Kralfallah (Compagnie Franco-Algérienne) et de Bône à Aïn-Mokra (Compagnie Mokta-el-Hadid), les concessions des Chemins de fer Algériens ont toutes été accordées avec garantie d'intérêt ; mais, ainsi que l'a fait remarquer très justement M. Guillain, député, dans le rapport de la Commission du budget de 1898, p. 681 :

« La garantie d'intérêt qui est allouée aux Compa-
« gnies Algériennes mériterait bien mieux le nom de
« subvention, car c'est elle qui rémunère à peu près
« intégralement le capital d'établissement. Elle ne
« présente donc pas, en réalité, le caractère qui
« répondrait au nom d'avances de garantie, celui
« d'un appoint destiné à parer à l'insuffisance tem-
« poraire du produit net ; c'est, au contraire, le pro-
« duit net qui a le caractère d'une légère atténuation
« des charges durables assumées par l'Etat pour la
« construction des lignes Algériennes ».

Dans quelques cas particuliers, l'Etat ou les localités ont cependant accordé quelques subventions, mais, le plus souvent, c'est la Compagnie qui a avancé toutes les dépenses de construction, dont l'Etat s'est engagé à garantir l'intérêt à un taux convenu.

Quant au montant du capital garanti, il a été tantôt forfaitaire, tantôt fixé d'après les dépenses réelles, avec ou sans prime d'économie.

Insuffisances d'exploitation. — L'Etat garantit également les insuffisances d'exploitation, suivant l'une des combinaisons suivantes :

1° insuffisances réelles résultant de l'excédent des dépenses réelles sur les recettes ;

2° insuffisances forfaitaires résultant de l'excédent des dépenses calculées au moyen de barêmes qui, au-dessus d'un certain minimum, varient suivant la recette.

NOTA. — Dans quelques conventions, on applique le système des insuffisances réelles jusqu'à un certain taux de recettes et le système forfaitaire au-delà.

3° insuffisances réelles, avec constitution d'un fond de réserve destiné à parer aux imprévisions et alimenté au moyen des différences que présentent les dépenses réelles par rapport à un barême variant avec la recette.

Travaux complémentaires. — Ce serait un acte de mauvaise gestion financière que de pourvoir, dès sa construction, une ligne de chemin de fer de toutes les installations nécessaires, soit pour lui assurer, en dehors de tous travaux de parachèvement ou de consolidation, un entretien facile et économique, soit pour la mettre en mesure de satisfaire aux besoins de l'exploitation, qui sont susceptibles de se développer longtemps après son ouverture.

De là, la nécessité de travaux complémentaires qui, suivant les conventions, sont :

1º à la charge de la Compagnie, lorsque la construction et l'exploitation ont lieu à forfait ;

2º à la charge de l'Etat, lorsque la construction et l'exploitation sont réglées d'après les dépenses réelles.

Mais lorsque la construction a eu lieu à forfait et lorsque l'exploitation est réglée aux dépenses réelles, l'imputation des travaux complémentaires est sujette à discussion ; car, dans ce cas, à moins que des économies de construction aient pu être réalisées, la Compagnie n'a pas de réserve sur laquelle elle puisse imputer des dépenses complémentaires de construction.

Les mêmes Compagnies ayant consenti plusieurs conventions pour les différentes lignes de leur réseau, sur des bases différentes, il est nécessaire de passer en revue toutes les conventions qui régissent les relations des différentes Compagnies et de l'Etat.

Exposé des conventions

P.-L.-M Algérien. — Les lignes du P.-L.-M Algérien ont été construites moyennant une subvention de 80 millions et une garantie d'intérêt de 5 0/0 sur un capital égal à fournir par la Compagnie.

Cette garantie est stipulée pour une durée de 75 ans, à partir du 1ᵉʳ janvier de l'année qui a suivi la mise en exploitation de l'ensemble des lignes concédées (1er janvier 1872) ; bien que le capital de 80 millions à la charge de la Compagnie ait été dépassé, le revenu garanti reste fixé au maximum de 4.000.000 fr.

La subvention de 80 millions a été augmentée d'une somme de 1.500.000 fr., représentant les termes échus d'une subvention de 6.000.000 consentie à la Compagnie des Chemins de fer Algériens, à laquelle la Compagnie P.-L.-M avait été substituée conformément à un traité du 31 mars 1863.

L'art. 3 de la convention du 1er mai 1863 autorisait l'Etat à remplacer la subvention, payable en vingt paiements semestriels, par quatre-vingt-douze annuités payables le 1er mai et le 1er novembre de chaque année à partir du 1er mai 1865 ; ce mode de libération a été adopté par l'Etat, et le montant de chaque annuité fixé à 3.661.031 fr. 40.

Les frais annuels d'entretien et d'exploitation de cette Compagnie sont réglés d'après les dépenses réelles.

Est-Algérien. — Les lignes de ce réseau ont été construites à forfait ; les conventions ont fixé le revenu minimum garanti pendant toute la durée de la concession, à :

par kilom.

		par kilom.
	Maison-Carrée à Constantine........	11.596 fr.
Pour	El-Guerrah à Batna................	7.350 »
les	Ménerville à Tizi-Ouzou..........	16.585 »
lignes de	Batna à Biskra...................	11.980 »
	Beni-Mansour à Bougie.......	13.793 »

Pour la ligne des Ouled-Rahmoun à Aïn-Beïda, la

convention du 20 juin 1885 fixe à forfait le capital de 1er établissement à 9.300.000 fr. et le taux de la garantie à 5 0/0.

En ce qui concerne le calcul de la garantie, les frais annuels d'exploitation sont calculés de trois manières différentes.

Pour les lignes de Maison-Carrée à Constantine et d'El-Guerrah à Batna, ces frais sont fixés à forfait.

Jusqu'à une recette de 11.000 fr. par kilomètre, le forfait est :

pour la ligne de Maison-Carrée à Constantine, de 7.460 fr.

pour celle d'El-Guerrah à Batna, de 7.000 fr.

Au-delà de 11.000 fr. de recette kilométrique, les frais d'exploitation varient avec la recette suivant des formules fixées par les conventions.

Pour la ligne de Batna à Biskra, les frais d'exploitation sont fixés à un minimum de 5.000 fr., jusqu'à une recette kilométrique égale à ce chiffre ; pour les recettes comprises entre 5.000 et 7.460 fr., les frais forfaitaires sont égaux au montant même de la recette brute ; pour les recettes comprises entre 7.460 fr. et 11.000 fr., ils sont limités à 7.460 fr. et varient au-delà, avec la recette.

Enfin, pour les lignes de Ménerville à Tizi-Ouzou et de Beni-Mansour à Bougie, les frais d'exploitation sont égaux aux dépenses effectives sans dépasser 7.460 fr. pour les recettes inférieures à ce chiffre et limitées à 7.460 fr., pour les recettes comprises entre 7.460 fr. et 11.000 fr.

Les lignes du réseau à voie normale de l'Est-Algérien n'ont pas de compte de travaux complémentaires ;

pour la ligne à voie étroite des Ouled-Rahmoun à Aïn-Beïda, la convention du 20 juin 1885 a prévu éventuellement une somme maximum de 935.000 fr., pour travaux complémentaires, en augmentation du capital garanti.

Ouest-Algérien. — Les lignes de la Compagnie de l'Ouest-Algérien se divisent en deux groupes :

DÉPARTEMENT D'ORAN

La ligne de Ste-Barbe-du-Tlélat à Sidi-bel-Abbès a été incorporée au réseau d'intérêt général, moyennant une garantie d'intérêt totale de 468.500 fr., à laquelle s'ajoute, au taux de 4 fr. 85 0/0, la garantie des sommes réellement employées à la transformation de cette ligne jusqu'à concurrence d'un maximum de 1.500.000 fr.

Les autres lignes de ce réseau ont été construites aux dépenses réelles, limitées par des maxima de :

15.500.000 fr., pour la ligne de Sidi-bel-Abbès à Ras-el-Mâ ;

8.800.000 fr., pour la ligne de la Sénia à Aïn-Temouchent ;

16 400.000 fr., pour la ligne de Tabia à Tlemcen.

Mais les comptes de premier établissement sont augmentés, en dehors des dépenses de construction :

A. — des trois cinquièmes de la dépense d'entretien de la voie et des terrassements, depuis le jour de la mise en exploitation jusqu'au 31 décembre de l'année suivante ;

B. — des fonds de roulement destinés à assurer le service des titres et la marche de l'exploitation jusqu'au réglement des comptes de la garantie d'intérêt, ces fonds de roulement étant fixés par les conventions :

1° à 6.000 fr. par kilomètre pour la ligne de Ste-Barbe-du-Tlélat à Sidi-bel-Abbès ;

2° à 10.000 fr. par kilomètre pour la ligne de Sidi-bel-Abbès à Ras-el-Mâ ;

3° à 500.000 fr., pour la ligne de Tabia à Tlemcen.

C. — du solde au 31 décembre de chaque année, des approvisionnements acquis pour la mise en service de la ligne et de ses dépendances ; ces approvisionnements étant limités, pour la ligne de Tabia à Tlemcen, à un maximum de 4.000 fr. par kilomètre.

DÉPARTEMENT D'ALGER

La ligne de Blida à Berrouaghia a, au contraire, été construite à forfait, moyennant une somme de 25 millions.

Les frais d'exploitation des lignes de l'Ouest-Algérien sont calculés suivant deux systèmes différents :

1° Pour les lignes de Ste-Barbe-du-Tlélat à Ras-el-Mâ, de la Sénia à Aïn-Temouchent et de Tabia à Tlemcen, ils sont évalués, à forfait, à un minimum de 7.460 fr. (Ste-Barbe-du-Tlélat à Ras-el-Mâ) et de 7.000 fr. (La Sénia à Aïn-Temouchent et Tabia à Tlemcen), jusqu'à une recette brute de 9.000 fr.

De 9 à 11.000 fr. les frais kilométriques sont portés à 7.460 fr., pour les deux lignes.

Au-delà de 11.000 fr., les frais varient avec les recettes ; nous indiquons les premiers échelons du barème qui correspondent aux recettes actuelles sur la ligne du Tlélat à Ras-el-Mâ (ils sont applicables à cette ligne seulement).

De 11 à 12.000 fr. de recette kilométrique, 68 0/0 de la recette, sans dépasser 7.920 fr.

De 12 à 13.000 fr. de recette kilométrique, 66 0/0 de la recette, sans dépasser 8.190 fr.

De 13 à 14.000 fr. de recette kilométrique, 63 0/0 de la recette, sans dépasser 8.400 fr.

Les coefficients sont différents pour les lignes de la Sénia à Aïn-Temouchent et de Tabia à Tlemcen, mais on n'a pas encore eu occasion de les appliquer.

2° Pour la ligne de Blida à Berrouaghia, les frais d'exploitation sont calculés par kilomètre au moyen de la formule forfaitaire $(3.500 + \frac{R}{3})$ où R représente la recette brute kilométrique.

Mais la Compagnie n'a pas conservé, comme celle de l'Est-Algérien, la libre disposition de l'économie qu'elle peut réaliser sur les barêmes d'exploitation.

Ces économies constituent un fonds de réserve affecté aux « grosses réparations, frais de renouvellement et d'entretien de la voie, augmentation et renouvellement de matériel, imprévus de l'exploitation et accidents de toute nature. »

Lorsque le fonds de réserve dépasse 2.600.000 fr., l'excédent est réparti entre l'Etat, qui en reçoit les deux tiers, et la Compagnie à laquelle appartient l'autre tiers (art. 8 de la Convention du 16 mai 1885 et art. 6 de la Convention du 16 avril 1886).

Le réseau de l'Ouest-Algérien a des comptes de travaux complémentaires qui forment deux groupes :

1° pour les lignes du département d'Oran, le maximum autorisé est de 5.100.000 fr., chiffre auquel s'ajoutent les économies réalisées sur la construction de la ligne de Tabia à Tlemcen (art. 5 de la Convention du 16 mai 1885) ;

2° pour la ligne de Blida à Berrouaghia, le maximum est de 2.000.000 fr.

Bône-Guelma. — Les lignes de ce réseau ont été construites à forfait.

Le capital de 1ᵉʳ établissement a été fixé pour les lignes de :

Bône à Guelma................. 12.000.000 fr.
Duvivier à Souk-Ahras......... 21.155.544 »
Guelma à Hammam-Meskoutine. 4.172.570 »
Hammam-Meskoutine au Kroubs 18.968.000 »
  avec un taux d'intérêt de 6 0/0.
Souk-Ahras à Sidi-el-Hémessi... 25.000.000 »
Souk-Ahras à Tébessa......... 15.450.000 »
  avec un taux d'intérêt de 5 0/0.

Pour le calcul de la garantie d'intérêt, les frais d'exploitation sont uniformément évalués au moyen de barêmes forfaitaires qui ne diffèrent que par leurs minima et par leurs coefficients.

Sur la ligne de Bône à Guelma, le minimum est de 7.000 fr. par kilomètre jusqu'à une recette de 11.000 fr.

De 11 à 12.000 de recette kilométrique, 64 0/0 de la recette sans dépasser 7.440 fr.

De 12 à 13.000 de recette kilométrique, 62 0/0 de la recette sans dépasser 7.800 fr.

De 13 à 14.000 de recette kilométrique, 60 0/0 de la recette sans dépasser 8.120 fr.

Sur les lignes de Duvivier à Souk-Ahras et à Sidi-el-Hémessi et de Guelma au Kroub, le minimum est de 7.700 fr. jusqu'à une recette de 11.000 fr. qui n'est pas atteinte.

Sur la ligne de Souk-Ahras à Tébessa, les dépenses d'exploitation sont fixées à 5.000 fr. pour les recettes inférieures à ce chiffre ; au montant de la recette, entre 5.000 et 6.000 fr., sans pouvoir excéder 5.520 fr.

De 6 à 7.000 de recette kilométrique, 92 0/0 de la recette sans dépasser 5.950 fr.

De 7 à 8.000 de recette kilométrique, 85 0/0 de la recette sans dépasser 6.240 fr.

De 8 à 9.000 de recette kilométrique, 78 0/0 de la recette sans dépasser 6.570 fr.

De 9 à 10.000 de recette kilométrique, 73 0/0 de la recette sans dépasser 6.900 fr.

De 10 à 11.000 de recette kilométrique, 69 0/0 de la recette sans dépasser 7.260 fr.

De 11 à 12.000 fr. de recette kilométrique, 66 0/0 de la recette sans dépasser 7.560 fr.

Deux sections seulement sont ou doivent être pour-·vues de comptes de travaux complémentaires.

Pour la ligne de Souk-Ahras à Tébessa, un maximum de 2 millions a été prévu éventuellement pour l'exécution de travaux complémentaires (art. 6 de la Convention du 28 mai 1885).

Pour la ligne de Bône à Guelma, par application du dernier paragraphe de l'art. 3 de la Convention du 16 octobre 1876 et de l'arrêt du Conseil d'Etat du 29 juillet 1892, une nouvelle convention doit régler les conditions des extensions non comprises dans les frais fixes d'exploitation ; cette convention est à l'étude.

Compagnie Franco-Algérienne. — La ligne d'Arzew à Saïda et à Kralfallah n'est pas garantie.

La ligne d'Aïn-Thizy à Mascara a été construite aux dépenses réelles limitées par un maximum de 1.500.000 fr.

Deux lignes construites par l'autorité militaire ont été pourvues à forfait du matériel, du mobilier et de l'outillage d'exploitation, moyennant :

130.000 fr. de Kralfallah à Modzbah,
1.350.000 fr. de Modzbah à Méchéria.

Enfin la Compagnie a construit à forfait deux autres lignes :

Méchéria à Aïn-Sefra pour 7.825.000 fr.
Mostaganem à Tiaret pour 20.500.000 fr.

Le taux d'intérêt est de 5 0/0, sauf pour Méchéria à Aïn-Sefra, où il a été réduit à 4.85 0/0.

Les dépenses d'exploitation sont réglées à forfait par une formule qui s'applique aux lignes d'Aïn-Thizy à Mascara, de Mostaganem à Tiaret et de Kralfallah à Méchéria.

Pour une recette inférieure à 6.500 fr., on applique la dépense réelle, sans dépasser 6.500 fr.; de 6.500 à 9.000 fr. de recette la dépense est de 6.500 fr.

Mais sur la ligne de Méchéria à Aïn-Sefra, la formule appliquée est :

$$3.000 + \frac{R}{3} \text{ avec un minimum de 5.000 fr.}$$

Toutes les sections des lignes garanties sont pourvues de comptes de travaux complémentaires avec des maxima de :

100.000 fr. sur Aïn-Thizy-Mascara,

520.000 fr. sur Kralfallah-Modzbah, y compris
frais de mise en état,

700.000 fr. Modzbah-Méchéria,

300.000 fr. Méchéria-Aïn-Sefra,

1.000.000 fr. Mostaganem-Tiaret.

Conditions des concessions

La durée des concessions des Chemins de fer algériens d'intérêt général s'étend jusqu'aux années 1963
et 1984.

La charge maxima que ces concessions peuvent
imposer au Trésor public correspond, pour un capital
de............................. 489.389.386 fr.
à une annuité de........... 25.253.092 fr.

En réalité, les avances de la garantie depuis que le
réseau algérien a atteint son développement actuel,
ont varié entre 18, 9 millions (1891) et 22, 8 millions
(1894).

La revue détaillée des concessions des chemins de
fer d'intérêt local et des tramways ne présenterait
pas le même intérêt que pour les lignes d'intérêt
général ; les circonstances qui les expliquent sont
beaucoup plus complexes et les combinaisons aux-
quelles on a eu recours encore plus nombreuses.

Ces combinaisons n'ont souvent même pas eu, dès
le début, un caractère définitif, puisque pour l'un des
réseaux les plus importants de tramways, celui de la
Compagnie des Chemins de fer sur routes d'Algérie,
les bases des concessions diffèrent suivant qu'il s'agit
du premier ou du second réseau, et que des propositions ont été faites, d'accord avec le Département,
pour modifier la formule d'exploitation et le mode de
partage des bénéfices pour le 1er réseau.

Nous ne pouvons que renvoyer aux actes de concession auxquels les renseignements donnés plus haut permettent de se reporter.

Chemins de fer d'intérêt général

Résultats de l'Exploitation. — Le tableau suivant donne, d'après la Statistique du Ministère des Travaux Publics, les dépenses d'établissement et les résultats de l'exploitation par ligne et par Compagnie des chemins de fer algériens d'intérêt général pour l'année 1898.

CHEMINS DE FER ALGÉRIENS

DÉPENSES D'ÉTABLISSEMENT ET RÉSULTATS DE L'EXPLOITATION

DÉPENSES D'ÉTABLISSEMENT ET RÉSULTATS DE L'EXPLOITATION

ANNÉE 1894

NUMÉROS d'ordre	DÉSIGNATION DES LIGNES	Longueur des lignes au 31 décembre 1894	Longueur moyenne exploitée en 1894	PARTICIPATION DE L'ÉTAT ET DES LOCALITÉS dans les dépenses d'établissement au 31 décembre 1894				PARTICIPATION DE LA COMPAGNIE dans les dépenses d'établissement au 31 décembre 1894		
				État	Localités	Total du capital	Total par kilomètre	Dépenses (non compris le matériel roulant)	Matériel roulant	Total par ligne
1	2	3	4	5	6	7	8	9	10	11
		kilom.	kilom.	francs	francs	francs	francs	francs	francs	francs
	COMPAGNIE DE PARIS-									
1	Philippeville à Constantine	87	87	16.300.000	»	7.909.000	169.055	38.966.545	3.774.671	42.741.216
2	Alger à Oran	425	425	65.000.000	108.800	17.308.800	137.817	33.167.767	10.798.386	43.966.153
	TOTAUX ET MOYENNES	511	513	81.501.000	108.800	11.608.800	139.081	72.131.232	14.573.037	86.707.369
	COMPAGNIE DE									
»	Alger à Maison-Carrée	»	(b) 11	»	»	»	»	»	»	»
1, 2 et 3	Maison-Carrée à Constantine	432	432	»	»	»	»	102.156.893	5.327.456	107.554.349
4	El-Guerra à Batna	90	90	»	»	»	»	10.477.063	710.938	11.188.001
5	Ménerville à Tizi-Ouzou	53	53	»	»	»	»	19.558.659	519.196	20.077.178
6	Batna à Biskra	121	121	»	»	»	»	49.697.270	689.890	50.087.160
7	Bougie à Beni-Mansour	88	88	»	»	»	»	21.257.667	1.157.938	22.414.725
8	Les Ouled-Rahmoun à Aïn-Beïda	93	93	»	»	»	»	9.083.031	560.917	9.743.943
	TOTAUX ET MOYENNES	782	898	»	»	»	»	181.929.996	9.066.530	190.995.926

(b) Section comprise à la ligne d'Alger à Oran.

Total par kilomètre	CHARGES d'intérêts et d'amortissement au chef des capitaux engagés par la Compagnie (col. 11)	RÉSULTATS DE L'EXPLOITATION PENDANT L'ANNÉE 1894						RAPPORT p. 0/0 des dépenses aux recettes (col. 15 × 100 col. 14)	DIFFÉRENCES entre les charges et les résultats des compagnies (col. 13 et col. 19)		NUMÉROS d'ordre
		RÉSULTATS TOTAUX			RÉSULTATS KILOMÉTRIQUES						
		Recettes	Dépenses	Produit net	Recettes	Dépenses	Produit net		Excédents	Insuffisances	
12	13	14	15	16	17	18	19	20	21	22	23
francs	francs	francs	francs	francs	francs	francs	francs	p. 0/0	francs	francs	
LYON-MÉDITERRANÉE											
491.598	2.190.407	1.684.061	1.025.685	658.376	19.357	11.790	7.567	61	»	1.162.620	1
108.207	1.740.212	7.597.314	4.474.489	3.117.815	17.892	10.603	7.319	59	1.566.412	»	2
160.920	3.860.679	9.276.378	5.500.177	3.776.201	18.063	10.797	5.361	59	»	91.758	
L'EST-ALGÉRIEN											
»	»	232.567	(a) 790.531 (b) 257.382	—795.625	22.935	13.447	—29.512	181	»	795.634	»
237.932	6.513.267	3.693.691	3.149.331	533.323	6.470	6.089	1.151	86	»	1.981.602	1, 2 et 3
139.950	473.702	521.598	367.767	113.831	6.520	4.507	1.924	70	»	119.973	4
376.815	1.033.383	367.266	384.359	17.693	6.959	7.132	—323	103	»	1.010.625	5
163.348	1.925.934	527.126	445.670	94.415	4.430	3.483	736	83	»	991.356	6
934.715	1.110.600	536.972	667.553	—50.901	8.102	8.906	—881	113	»	1.220.711	7
184.773	499.652	247.646	393.916	—136.300	4.125	6.168	—1.465	155	»	61.093	8
213.679	9.701.420	8.146.315	5.831.879	379.955	6.855	6.489	366	96	»	5.161.375	

(a) L'excédent sur les transports à grande vitesse n'est pas porté en ligne.
(b) Section comprise à la ligne d'Alger à Oran.
(1) Dépenses afférentes à l'exploitation.
(2) Redevance payée à la Compagnie de P.-L.-M.

ANNÉE 1898

DÉPENSES D'ÉTABLISSEMENT ET — RÉSULTATS DE L'EXPLOITATION

NUMÉROS	DÉSIGNATION des lignes	Longueur au 31 décembre 1898	Longueur exploitée en 1898	PARTICIPATION DE L'ÉTAT OU DES LOCALITÉS — État	Localités	Département	par kilomètre	Dépenses rapportées au Capital	Au 31 décembre 1897	Total par ligne
		kilom.	kilom.	francs	francs	francs	francs	francs	francs	francs
								COMPAGNIE DE L'OUEST-ALGÉRIEN		
1	Ste-Barbe-du-Tlélat à Sidi-bel-Abbès	51	51	»	»	»	»	29.140.870	2.069.059	23.809.935
2	Sidi-bel-Abbès à Ras-el-Mâ	100	100	»	»	»	»			
3	Oran (La Sénia) à Aïn-Témouchent	79	(*) 81	»	»	»	.	8.175.317	1.097.303	9.272.654
4	Tabia à Tlemcen	61	61	.	»	»	»	18.243.570	1.321.526	19.565.096
5	Blida à Berrouaghia	83	83	»	»	»	»	20.275.718	913.415	27.452.130
	TOTAUX ET MOYENNES	368	376	»	»	»	»	76.133.405	6.011.312	82.116.519
								COMPAGNIE DE BONE-GUELMA ET PROLONGEMENTS		
1	Bône à Guelma	88	88	»	»	»	»	12.217.944	867.287	13.085.231
2	Guelma à Hammam-Meskoutine	20	20	»	»	»	»	3.863.679	272.791	4.136.472
	Hammam-Meskoutine au Kroub	95	95	»	»	»	»	17.150.373	1.103.657	18.254.030
3	Duvivier à Souk-Ahras	52	52	.	»	»	»	20.670.206	466.138	24.676.694
	Souk-Ahras à la frontière tunisienne	53	53	»	»	»	»	19.480.175	1.387.868	23.868.043
4	Souk-Ahras à Tébessa	128	128	»	»	»	»	14.956.072	4.027.683	16.983.975
	TOTAUX ET MOYENNES	436	436	»	»	»	»	90.089.448	6.015.687	97.254.445

Total par kilomètre	Charges annuelles en % des produits	RÉSULTATS TOTAUX — Recettes	Dépenses	Produits nets	RÉSULTATS KILOMÉTRIQUES — Recettes	Dépenses	Produits nets	Rapport des dépenses aux recettes p. 010	DIFFÉRENCES — Excédents	Insuffisances	NUMÉROS
francs	francs	francs	francs	francs	francs	francs	francs	p. 010	francs	francs	
						L'OUEST-ALGÉRIEN					
170.907	1.200.290	1.331.456	1.130.908	800.550	12.701	7.390	5.301	59	»	405.719	1 et 2
137.466	457.117	491.990	494.273	76.585	7.900	6.182	1.307	64	.	360.151	3
205.706	915.966	405.389	421.037	-13.291	6.311	6.511	-370	104	.	964.580	4
331.315	1.219.771	424.990	517.658	-44.562	5.113	6.180	-1.057	121	.	1.385.310	5
223.995	3.051.473	3.359.934	2.561.193	791.117	8.847	6.738	2.039	78	.	3.150.830	
						ET PROLONGEMENTS					
148.005	770.000	1.138.000	839.955	583.915	16.578	9.165	7.113	57	.	91.066	1
205.530	104.051	480.077	205.356	-112.745	4.175	5.177	-1.002	174	.	1.570.843	2
191.113	1.290.212										
415.896	1.234.776	775.802	918.387	-132.766	14.781	17.639	-2.938	120	.	1.491.361	3
450.310	1.313.792	480.703	913.195	-82.331	7.168	1.021	-1.553	101	.	1.116.016	
127.914	272.490	1.791.819	1.071.479	210.340	10.002	8.371	1.731	83	.	342.150	4
297.961	5.820.302	4.197.090	3.631.172	405.917	9.466	8.329	1.137	88	.	5.133.475	

(*) Y compris 11 kilomètres, de la Sénia à Oran-Marine, empruntés à la Compagnie de P.-L.-M.

(a) L'impôt sur les transports en grande vitesse n'est pas perçu en Algérie.

ANNÉE 1898

DÉPENSES D'ÉTABLISSEMENT ET PARTICIPATION DE L'ÉTAT ET DES LOCALITÉS

RÉSULTATS DE L'EXPLOITATION

COMPAGNIE FRANCO-ALGÉRIENNE

NUMÉROS	DÉSIGNATION DES LIGNES	Longueur totale exploitée au 31 décembre 1898	Longueur moyenne exploitée en 1898	État	Localités	Total par ligne	Total par kilomètre	Dépenses d'établissement à la charge de la Compagnie	Matériel roulant	Total par ligne
		kilomètres	kilomètres	francs	francs	francs	francs	francs	francs	francs
1 et 7	Arzew à Saïda et à Kralfalla	214	214							33.222.000
3	Kralfalla à Méchéria	138	138	6.970.401		6.970.401	50.510			4.161.000
4	Méchéria à Aïn-Séfra	102	102							7.825.000
5	Aïn-Thiry à Mascara	17	17							1.630.000
6	Montagnac à Frendá	202	202							20.961.000
	TOTAUX ET MOYENNES	686	686	6.970.401		6.970.401	50.510			65.216.000

COMPAGNIE DE MOKTA-EL-HADID

NUMÉROS	DÉSIGNATION DES LIGNES	Longueur	Longueur	État	Localités	Total par ligne	Total par kilomètre	Matériel	Total	Total par ligne
	Bône à Aïn-Mokra	33	33				2.192.000	934.000		4.190.000

L'impôt sur les transports de grande vitesse n'est pas perçu en Algérie.

(b) Dépenses de construction de la section de Modzbo à Méchéria (ligne internationale).

(4) Charges calculées à 3 p. 0/0, garanties seulement sur la somme de 1.488.000 fr. spécifiée à la note (g).

ALGÉRIENS — RÉSULTATS DE L'EXPLOITATION

COMPAGNIE Travaux décembre 1897	CHARGES d'intérêt et d'amortissement en 1898 des capitaux engagés par la Compagnie (art. 11)	Recettes	Dépenses	Produits nets	Recettes	Dépenses	Produits de la	Rapport p. 0/0 des dépenses aux recettes art. 17 à 19	Excédents	Insuffisances	NUMÉROS
Total par kilomètre											d'ordre
12	13	14	15	16	17	18	19	20	21	22	23
francs	francs	francs	francs	francs	francs	francs	francs	p. 0/0	francs	francs	

ALGÉRIENNE

12	13	14	15	16	17	18	19	20	21	22	23
152.910	1.612.000	1.519.861	1.092.705	423.154	8.877	5.192	3.665	69		964.141	1 et 2
33.737	732.000	411.915	467.798	—55.813	3.035	3.388	—383	113		216.853	3
76.715	715.000	166.596	306.439	—189.813	1.633	3.005	—1.371	181		461.813	4
138.963	15.000	64.313	102.397	—311.161	5.105	8.542	—9.847	150		102.161	5
103.595	1.032.000	679.901	1.141.971	—467.566	3.320	5.471	—2.315	168		1.199.696	6
102.104	2.257.000	3.016.120	3.111.790	—56.670	4.609	4.643	—35	101		3.332.670	

MOKTA-EL-HADID

12	13	14	15	16	17	18	19	20	21	22	23
126.970	920.450	61.299	166.845	101.546	1.852	5.030	3.173	271		335.156	

(1) Montant du forfait fixé sur la construction.

	RECETTES	DÉPENSES	PRODUITS NET
(2) Chiffres du service intérieur. Chiffres totaux	2.408.149 / 3.089.561	2.444.549 / 3.491.351	—36.400 / —401.755
(3) différences	4.326	16.382	—12.076

Se rapportent à l'embranchement de Mokta à Markoura, construit comme voie de service.

ANNÉE 1896

DÉPENSES D'ÉTABLISSEMENT ET RÉSULTATS DE L'EXPLOITATION

RÉCAPITULATION

Numéros d'ordre	Désignation des lignes	Longueurs totales livrées à l'exploitation au 31 décembre 1896 (kilomètres)	Longueurs intégrées exploitées en 1896 (kilomètres)	Participation de l'État ou des localités en argent ou en travaux dans les dépenses d'établissement au 31 décembre 1897				Participation de la Compagnie en argent ou en... dans les dépenses d'établissement au 31		
1	2	3	4	5 Prêts (francs)	6 Localités (francs)	7 Total par ligne (francs)	8 Total par kilomètre (francs)	9 (francs)	10 Matériel roulant (francs)	11 Total par ligne (francs)
	Compagnie de Paris-Lyon-Méditerranée	513	543	81.500.000	188.890	81.693.800	149.641	77.131.939	11.573.857	88.707.300
	— de l'Est-Algérien	887	905	»	»	»	»	181.979.996	9.055.536	190.986.570
	— de l'Ouest-Algérien	378	379	»	»	»	»	76.135.526	6.011.312	82.146.838
	— de Bône-Guelma et prolongements	436	436	»	»	»	»	90.639.435	6.615.707	97.234.445
	— Franco-Algérienne	608	608	6.070.401	»	6.970.401	10.434	»	»	63.248.000
	— Mokta-el-Hadid	33	33	»	»	»	»	3.492.000	698.000	4.190.000
	Totaux et moyennes	2.835	2.927	86.670.401	188.890	88.679.701	30.492	521.371.[illegible]	36.9[illegible].8[illegible]	529.532.158

Désignation des lignes	Compagnie travaux (total par kilomètre) 12 (francs)	Charges d'intérêt et d'amortissement... par la Compagnie (art. 14) 13 (francs)	Résultats de l'exploitation pendant l'année 1896 — Résultats totaux			Résultats kilométriques			Rapport p.% 20	Différences — Excédents 21 (francs)	Insuffisances 22 (francs)	Numéros d'ordre 23
			14 Recettes (francs)	15 Dépenses (francs)	16 Produits nets (francs)	17 Recettes (francs)	18 Dépenses (francs)	19 Produits nets (francs)				
Compagnie de Paris-Lyon-Méditerranée	160.020	3.860.019	8.276.376	5.503.177	3.136.204	16.083	10.722	5.361	60	»	93.478	
— de l'Est-Algérien	717.010	9.793.470	6.455.915	4.826.870	229.045	6.855	6.159	300	95	»	9.484.375	
— de l'Ouest-Algérien	275.925	3.051.473	3.347.826	2.561.003	791.512	8.817	6.738	2.089	76	»	3.160.890	
— de Bône-Guelma et prolongements	223.031	5.029.392	4.127.059	3.631.172	495.917	9.166	8.329	1.137	88	»	5.133.475	
— Franco-Algérienne	102.168	3.297.030	3.078.120	3.115.190	−35.070	4.608	4.663	−55	101	»	3.333.030	
— Mokta-el-Hadid	126.970	290.160	61.199	106.005	−184.706	1.857	5.030	−3.173	471	»	235.160	
Totaux et moyennes	182.283	26.771.414	26.651.037	25.600.207	5.254.779	8.968	7.190	1.809	80	»	21.519.981	

(1) Y compris et kilomètres de parcours communs (voir notes b et c).

L'Ingénieur en chef adjoint à l'Inspecteur général,
Directeur du Contrôle des Chemins de fer Algériens,

De Préaudeau.

L'Inspecteur général,
Directeur du Contrôle des Chemins de fer Algériens,

G. Forestier.

GIRALT, IMPRIMEUR-PHOTOGRAVEUR, RUE DES COLONS, 17, MUSTAPHA

www.ingramcontent.com/pod-product-compliance
Ingram Content Group UK Ltd.
Pitfield, Milton Keynes, MK11 3LW, UK
UKHW021013220726
13924UKWH00002B/960